AF479397

MORTS OUBLIÉS

de la Guerre de 1870

DOUZE MORTS OUBLIÉS

(ÉPISODE DE LA GUERRE DE 1870 DANS L'EST.)

A trois kilomètres de Pontarlier, au
sommet de l'arête découpée par les
hautes roches grises qui dessinent, du
côté de France, en avant du village
de la Cluse, un gigantesque fer à che-
val; sur le plateau montueux surplom-
bant le vallon encaissé où serpente
le Doubs; je connais deux tertres ga-
zonnés qui s'allongent sous les grands
sapins. Ils peuvent être à cinquante pas
l'un de l'autre.

Ces deux tertres sont deux tombes.
Il s'est passé sur ce sommet un acte
grave que je vais raconter :

* * *

Le 1ᵉʳ février 1871, le temps était
clair et sec, comme dans les froides
journées d'hiver ; quelques gros nuages
éclatants de blancheur moutonnaient le
fond de l'horizon. La neige scintillait
sous un soleil magnifique.

La large route qui, de Pontarlier mène en Suisse, était encombrée par les derniers chariots de l'armée de l'Est. Cette route parcourt, en suivant ses flexions, l'étroite gorge de la Cluse. Les forts de Joux et du Larmont, nids d'aigle juchés sur des roches immenses, commandent ce passage.

Vers une heure de l'après-midi, après avoir traversé la petite ville sans s'y arrêter, les Prussiens, à la poursuite des débris de notre armée, commençaient à gravir péniblement sous le feu des retardataires français, les flancs de la montagne, à gauche du chemin. — Le dernier bataillon de notre arrière-garde débouchait dans la gorge. Son commandant, redoutant une tentative immédiate de l'ennemi sur le fort Larmont, donne l'ordre au capitaine Malaspina de s'y rendre en toute hâte, par les flancs de la gorge, le long de l'arête.

La compagnie, avec armes et bagages, dans la neige profonde qui enfonce sous les pas, escalade la pente à pic conduisant au plateau dont le fort est le point extrême.

Les Allemands montaient toujours par derrière, sur le côté qui regarde la ville. Ils fouillaient le bois avec vigueur.

Entre le point culminant que venait

d'aborder la compagnie française et
l'enceinte des fortifications, il y a encore une assez longue distance. Il fallait
la franchir avec rapidité, c'est-à-dire
sans combattre ; quelques minutes de
retard pouvaient faire manquer l'ex-
pédition.

A cette situation critique, le capitaine
Malaspina répond par une détermina-
tion suprême. Il sacrifiera quelques
hommes pour sauver les autres et gar-
der les forts à la France.

Il détache douze de ses braves compagnons avec mission de résister jusqu'au bout à l'envahissement du plateau par l'ennemi.

Et, sans attendre un instant, confiant
dans l'intrépidité de ceux qu'il laisse, il
continue sa route.

Limitant ce sommet ardu que bai-
gnent de leur large ombre noire quelques sapins vigoureux, un petit mur
forestier profile sa ligne grisâtre sur le
versant couvert de bois qui regarde
Pontarlier.

Un angle de ce mur écorne le chemin
creux appelé dans le pays *chemin à ca-
nons* qui traverse, en serpentant, toute
la forêt, jusqu'à sa lisière, en haut et en
bas.

Les Prussiens suivaient cette voie. La neige assourdissait le bruit de leur marche, mais leurs coups de fusil éclatant dans les épaisseurs obscures se rapprochaient, toujours plus distincts. Les détonations devenaient plus claires. Preuve qu'ils montaient.

Les douze hommes les attendaient, à genoux derrière le mur, les fusils prêts. Les paquets de cartouches étaient défaits devant eux. On les retrouva plus tard sur la neige, mais vides.

Je pense que les minutes parurent longues à ces déterminés.

Ici la scène devient épique.

Les rayons du soleil tamisés par les branches vertes et qui donnaient aux sapins des teintes plus tendres, eurent soudain des jaillissements. Les casques et les baïonnettes étincelèrent dans le fourré.

Les douze lutteurs tirèrent. Les Prussiens étaient à dix pas, au nombre de trois cents. Ils firent halte, se masquant de leur mieux derrière les arbres. Les assaillis continuaient intrépidement le feu. Ils avaient sur les assaillants les avantages d'un tir plongeant. Mais ils devaient montrer leur tête pour viser. L'ennemi ripostait. Plusieurs Français ne tirèrent plus. Ceux-là furent retrouvés là, dans leur position de combat.

L'ennemi, après avoir hésité, rétrograda. Il s'enfonça dans le chemin creux, — pour remonter un peu plus haut, sur la gauche.

Le petit mur devint inutile.

Ceux qui restaient des douze soldats héroïques gagnèrent le milieu du plateau, et là, fiers, à découvert, serrés, quand les Prussiens reparurent, ils recommencèrent bravement la fusillade.

Ils tombèrent tous là. Ceux qui n'étaient que blessés durent avoir froid avant de mourir.

Qu'importe..... pendant que cela se passait, la compagnie française entrait dans le fort Larmont.

On sait quelle brillante défense y organisa le brave capitaine Malaspina.

Huit jours après, quand l'ennemi, quittant Pontarlier, lui permit une première sortie, il vint voir sur le plateau s'il retrouverait quelqu'un de ses douze hommes.

Il les reconnut les douze. Criblés de balles, ils étaient étendus glacés sur la neige, toute brune de leur sang.

Il fit creuser deux fosses : l'une, près du mur, où il mit ceux qu'il y trouva ;

l'autre, sur le plateau, où furent couchés les autres.

Le 3 février 1874, jour de la fête funèbre commémorative de la défense des forts, à une heure de l'après-midi, sur le plateau, théâtre de cette lutte superbe, un homme détachait avec son couteau deux branches de sapin, les taillait et les disposait en croix. Le sol était encore gelé. Il alla prendre deux pierres au petit mur. Elles lui servirent à fixer la croix grossière. Il y suspendit une couronne d'immortelles.

Cet homme était le commandant du dernier bataillon de l'arrière-garde française. Celui-là s'était rappelé que douze de ses compagnons dormaient là haut, les plus fiers combattants peut-être de toute la guerre.

Ces douze héros obscurs, M. Besson les a oubliés dans son oraison funèbre.

Pauvre douze morts oubliés ! Cette croix de bois et cette couronne valent bien les phrases ampoulées d'un homme de parti. Etant les plus grands, cette faveur d'être laissés de côté par lui vous était réservée. Son imagination ne pouvait pas deviner votre mort simple. Vous ne méritiez pas, je pense, une place dans les discours de ce singulier interprète des événements.

Pauvres douze morts oubliés ! Dormez en paix à l'ombre des grands sapins qui vous regardaient quand vous vous battiez si bien. Vous avez sur vous la couronne d'immortelles qu'a déposée votre commandant, les pierres du petit mur, et plus haut le ciel bleu profond d'où sur les tertres tombera chaque hiver la neige immaculée.

Mars 1874.

THÉODORE CARDOT.

Besançon, imp. Ordinaire fils, Grande-Rue 6.